This book belongs to

....

....

....

WHAT'S YOUR UNICORN NAME?

Take the First Letter of Your First Name.

A	Rosy	**J**	Jolly	**S**	Pearl
B	Bubbles	**K**	Colorful	**T**	Princess
C	Sparkle	**L**	Lovely	**U**	Lily
D	Shiny	**M**	Magical	**V**	Feather
E	Sunshine	**N**	Diamond	**W**	Starry
F	Twinkle	**O**	Buttercup	**X**	Sweetie
G	Silly	**P**	Starlight	**Y**	Bright
H	Happy	**Q**	Bouncy	**Z**	Glittery
I	Sparkly	**R**	Rainbow		

And the Month You Were Born.

January	Twinkle Toes	**July**	Shimmer Rain
February	Silver Moon	**August**	Blueberry
March	Golden Cloud	**September**	Vanilla Creamsicle
April	Twilight Shine	**October**	Fluffy Tutu
May	Flutter Butt	**November**	Fancy Feet
June	Snowy Hooves	**December**	Snow Dancer

Made in the USA
Monee, IL
16 December 2021

85826885R00061